斗JJ地主攻略

主编◎梁瑞珍

U0113228

山西出版传媒集团

山西科学技术出版社

编委会

目　录

第 一 章

叫牌策略

第一章　叫牌策略

纸牌类游戏有别于棋类游戏，尤其是斗地主，三张未知的底牌有可能决定一局比赛的胜负。在 JJ 比赛中，有时手中拿着一副好牌，很可能由于底牌补了三张"垃圾牌"而导致了比赛的失利。那么，在 JJ 比赛中，应该如何选择叫牌呢？下面我们以"免费区"比赛（1 元区和 5 元区）中的 5 元区为例进行分析。

✳ 免费区

5 元区的晋级规则是 750 – 600 – 450 – 300 – 180 – 96 – 48 – 24 – 12 – 6 – 3。我们把它分为三个阶段：前期阶段（750 – 600 – 450 – 300 – 180）、中期阶段（96 – 48 – 24 – 12）和决赛阶段（6 – 3 – 冠军）。

我们先来分析前期阶段。前期阶段的第一场（750 – 600）能否晋级有三种情况：1. 叫地主失利无法晋级；2. 当农民失利（不被炸、无春天）可以晋级；3. 当农民被炸（一个炸弹）有可能晋级。因此，第一场比赛若要增大晋级的概率，以不叫地主为上策。当然，如果牌力相当给力，也不妨叫 2 分试探其他选手。因为叫 2 分有两种情况，一是不易叫到地主，第一场比赛大多数开赛都是以 3 分叫地主开始的；二是 2 分叫到地主，只要不挨炸弹（一般选手有炸弹也不会让你 2 分叫到地主），即使失利也依然能够晋级。

有的初玩者认为刚入局牌好可以多叫地主多赢积分，为后面的比赛晋级奠定好的基础，积累高分值。其实，如果细心观察就会发现，JJ 比赛的规则是每次晋级都要在原有积分的基础上扣除大约三分之一的"税金"。因此，即使上一轮比赛获得了高分，在后面的比赛中也占不了多大优势，并不能保证下一轮的晋级。

编者在初期玩的时候，第一局曾经打出三个炸弹，赢得了 1800 分，加上原有的积分共 2550 分，以第一名的优势晋级。在第二局当农民失利，勉强进入第三局。第三局再次失利，即被淘汰。因此，较高的积分只能保证你至多过渡一局的失利，并不能延续至决赛。所以，在牌力并没有十足的把握获胜时，前期阶段以不叫地主为宜。

因此，有人认为不叫地主的好处显而易见，就以保守型选手自居。其实，游戏里还有隐形的规则，就是叫牌权是倾向于积分高的选手的。我们在玩游戏时经常会遇到这样一种情况：自己的牌力强劲，却被有优先叫牌权的对手抢走了地主，底牌还是自己补上就能"连炸带春"的牌！那么，为什么优先叫牌权在对

方手中呢？这就是由之前的积分高低决定的。游戏的设计是遵循马太效应（强者更强）的。因此，若想要拥有优先叫牌权，则需在上一个阶段比赛中取得较高的积分。我们来看下面的例子。

底牌：

选手（西）（1675 分）

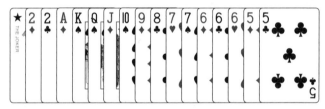

选手（南）（1448 分）

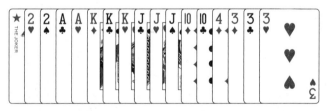

选手（东）（1024 分）

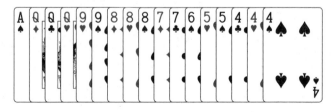

选手（南）若叫到底牌可谓是如虎添翼，不仅补成了飞机还配上了炸弹3333，但由于选手（西）的积分最高，所以，优先叫牌权属于选手（西）。此局选手（西）的牌力也很强，故以3分抢到了地主。最终，选手（南）打败了地主，赢得了300分，但和当地主打出炸弹赢得1000分相比大相径庭。可见，享有优先叫牌权也很重要。如果连续获胜，叫牌权就可始终保持在手中。因此，在免费区比赛的前期阶段，若牌力足够强劲，甚至有"霸王叫"的叫牌权时，可以积极地去叫地主。

中期阶段是比赛的过渡阶段，也是比赛晋级的艰难期，基本上是"一局定输赢"，输则必被淘汰（除非名次在前三且不挨炸弹可勉强晋级）。因此，叫牌更应谨慎，可参照前期阶段的技巧。但有一种情况是要主动出击的。例如，在96－48的比赛中，前一局比赛排名是95，那么，若当农民即使获得胜利（无炸弹、无春天）也是无法晋级的。

简单计算一下，在96－48的比赛阶段，共32场，最终晋级48人。假设32场比赛的地主全部获胜，那么农民的晋级人数只剩16人。若按照概率计算，地主、农民各有16场获胜，则地主晋级16人，农民有16个晋级名额，而获胜的农民共有32人，除你以外剩下的15场比赛只要有一场打出炸弹，你则被淘汰！

因此，在此情况下，若轮到你有叫牌权，只要手中有两个2以上的牌力，都要毫不犹豫地抢到地主，放手一搏，才有机会晋级。

同理，在48－24的比赛阶段，若排名在45之后，也应该如法炮制。

决赛阶段分为总决赛阶段和半决赛阶段。我们先讲较好理解的总决赛阶段。5元区的规则是第一名赢得5元话费，第二、第三名分别可赢得3000金币和1800金币（参赛券）。叫牌顺序根据上一级的积分由高到低排列。因此，此时的"拟冠军"是最有优势的，若想更有保障地将"金牌"揽入囊中，不论牌力是否强劲，都不宜叫地主，选择当农民去斗地主，获胜的把握更大，因为"二打一"（多一个盟友）总比"一打二"（多一个敌人）更容易。当然，如果此时牌力十分给力，可叫1分防止"流局"（JJ比赛的规则是无人叫牌则重新发牌）。请看下面的牌例：

底牌：

选手（西）（1164 分）

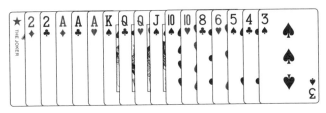

选手（南）（928 分）

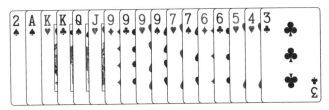

选手（东）（746 分）

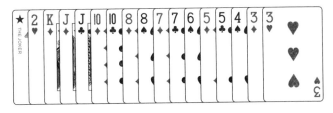

选手（西）进入决赛时积分处于领先位置，故享有优先叫牌权。选手（西）手中的牌力强劲，但缺少关键牌 7，倘若叫到底牌，并未叫到 7，无法把小牌连

接起来。而选手（南）手中有炸弹9999。若选手（西）选择当地主则凶多吉少。选手（南）目前处于第二名，要想赢得5元话费，则必须叫到地主。实际比赛中，选手（西）叫了1分，选手（南）3分叫到了地主，但由于自身的牌力较弱且底牌不给力，被两位农民合力打败。最终，选手（西）赢得了比赛，获得了话费。

通常，在决赛中叫地主最多的是进入决赛的第二名。因为第一名为求保险不会直接叫3分，依据顺序叫牌权则传递到第二名手中。选手参赛多数是为了赢得"真金白银"（5元话费），因此第一名求稳，第二名无论牌力强弱多数都会叫到地主，第三名则很少有机会（除非"霸王叫"）。也就是说，进入决赛的名次很重要，前两名才有获得冠军的机会，这就涉及半决赛时的成绩。

在半决赛中（6-3），只有两桌比赛（每三个人组成一桌）。若地主全胜，则两位地主进入决赛前两名；若地主一胜一负，则半决赛时排名的前三名有机会成为决赛中的前两名；若地主全负，则半决赛时排名的前两名有机会成为决赛中的前两名。因此，按概率计算，半决赛中的第五、第六名若想进入决赛的前两名，从而继续获胜赢取话费，则必须叫到地主并获胜；半决赛中的第一名可静观其变；第二、三、四名则根据牌力而定。

以半决赛中的第六名为例，若其未叫地主，当农民并获胜，另一桌若是地主获胜，进入决赛名次顺序为：第一名，异桌获胜地主；第二名，同桌获胜农民；第三名，原第六名。若是另一桌地主告负，进入决赛的名次为异桌两位农民和同桌获胜农民。由此可见，若想进入决赛前两名，身为半决赛中的第六名是必须叫到地主并取胜的。

✽ 缴费区

缴费区的比赛分为三种：10 元话费赛（缴费 1000 金币）、60 元话费赛（缴费 5000 金币）和 300 元话费赛（缴费 20000 金币），我们以 10 元话费赛和 60 元话费赛为例进行分析。

10 元话费赛的晋级规则是 99 – 84 – 66 – 48 – 33 – 21 – 12 – 6 – 3。每次淘汰的人数都在 20 人以下（最多 18 人）。因此，与 5 元区不同的是，只要获胜，则一定能够晋级（半决赛第六名除外）。因此，10 元区不存在中期阶段名次靠后需抢叫地主的情况。但由于 10 元区属于缴费赛区（每场要缴纳 1000 金币），且名次在 27 名之内方可获得 1000 以上的金币，故编者建议在 99 – 33 之前叫牌以稳妥为主，宜选择不叫或不叫满（叫 1 分、2 分），先保证晋级，赢到自己入场的本金（1000 金币）后，再图冲击 10 元话费。

60元话费赛的前期、中期阶段的叫牌策略与10元区相同，与10元区的区别主要在于决赛阶段。10元区的决赛阶段叫牌策略与5元区相同，之前已经过详细解析，在此不再进行分析。60元区的决赛分为两场，以最终积分决定胜负。因此，在6-3阶段不必再力争前两名，以能入围决赛为目标。决赛中的两场比赛不再扣除税金，两场比赛的积分之和为最后比分。因此，在决赛中叫分要谨慎，在积分相差不大的情况下，有时为防止流局叫分也可能影响比赛的结果。所以，选手不仅要努力求胜，还要关注自己及对手的积分来选择叫牌。我们看一下2017年的一场比赛。

例 3 （2017 年 12 月 19 日 60 元话费决赛第一局）

底牌：

选手（西）（978 分）

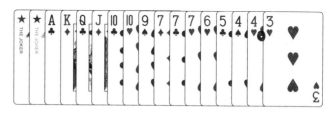

选手（南）（431 分）

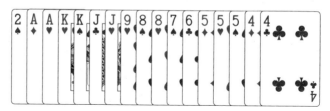

选手（东）（642 分）

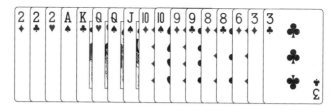

决赛第一场，选手（西）处于领先位置，且有火箭，但没有 2。选手（西）担心不叫牌会出现流局，于是选择叫 2 分，静观其变。其他两位选手都没有王，

而且都期待最后一局有好运气，故都未叫地主。选手
（西）2分叫到了地主，但底牌较差，最终输掉了
此局。

最后一局（例4），选手（东）领先，故手中虽有
大王、222和AA，也只叫了1分，而选手（西）此刻
处于第二名，被动地叫了3分当地主，最终失利，痛
失冠军。

例 4

底牌：

选手（东）（842分）

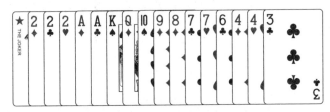

选手（西）（578分）

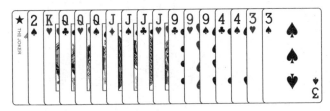

选手（南）（631 分）

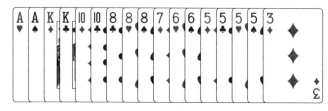

选手（西）在决赛最后一局身处被动的原因是积分略低于其他两位选手，而在上一局时其积分是最高的，是因为叫了地主失利而导致失分。仔细分析，上一局还是存在叫分失误的地方。

上一局，选手（西）积分为 978 分，虽有双王但牌力并不强，为了防止流局叫了 2 分，致使最后一局积分落后。此局若改叫 1 分，即使输掉也只损失 200 分，仍可以第一名的名次进入决胜局（西 778 分，南 531 分，东 742 分），把"必胜"的难题留给其他两位选手，则最终可将胜利揽入囊中。可惜，选手（西）在决赛第一局的叫分环节中没有精打细算，导致最终饮恨决赛，空手而归。

300 元话费赛的叫牌策略与 60 元话费赛相似，在此不详细讲解。

生活中处处留意，该小心谨慎就小心谨慎，该大胆出牌就大胆出牌，但前提是你要清楚地知道你对手的牌。

第 二 章

顶牌技巧

第二章　顶牌技巧

一、硬顶

1. 硬桥硬马

"硬桥硬马"是最简单的顶牌方式，即农民在地主的上家，从大牌到小牌依次出牌，目的是顶住地主，不让其过掉小牌。硬顶的前提是先判断自己手中的牌已经没有溜掉的可能，故以牺牲自己来成就盟友。因为顶牌者会把自己手中的大牌依次出掉，并无出掉小牌的机会，所以必须是不计划溜走的玩家才可以去"硬顶"。

牌例 ①

上家农民

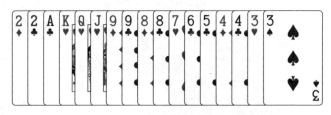

此位选手（农民）位于地主的上家，自己手中虽有

22，但其小牌过多且不整齐。若要把小牌走出去，则会让地主捎走许多小牌，而地主既然会抢叫，则牌型一定是相对整齐的，很可能捎走一两张小牌即可"成牌"。故上家农民不宜出小牌，而应该从 A 开始，依次出 A、K、Q、J、9、8……直至盟友接牌。之后遇到地主的大牌，若盟友不要，则用 2 管住，继续顶牌。

2. 推波助澜

上家农民

地主

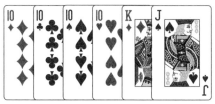

上家农民只剩三张牌且手握大王，认为自己已经"成牌"，故计划出单牌，用大王"回手"，"报单"取胜。但此时农民并未在意出 4 和 K 的哪一张，于是，随手出了 4，地主过掉单牌 J，农民用大王压制后，地主扔出炸弹 10101010，获得胜利。农民出牌时，若先出 K，则顶住了地主的 K，地主就过不掉单牌。此时，农民再出 4，"报单"剩大王，则地主虽有炸弹却毫无

办法。所以，上家农民在自己有能走掉的可能时，一定要先走中间大小的牌，这样不被压制的把握较大，最后剩"头"和"尾"，获胜的概率更大。

二、巧顶

1. 传中有顶

上家农民

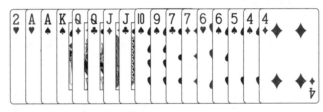

此局牌上家农民的牌力适中，既有走掉的可能，也适合做顶牌的"肉盾"。因此，在行牌时，农民适合从中间的对牌开始出牌，即依次出 JJ、77、66。若盟友接牌，则为盟友服务；若盟友不接，则可以考虑自己适时溜走。两手准备，有备无患。

2. 假途灭虢

上家农民

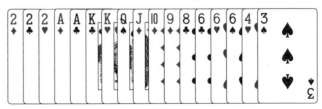

地主首张出了单牌，盟友捎掉一张小牌，上家农民手握三个 2，则考虑地主有火箭的可能性较大，故先用 A 顶了一次，地主不要。这种情况下，有的选手会依次出 8910JQKA、666 + 3、222 + 4，迅速"报单"剩 K。若地主要过掉一个三带一，且手中无单牌的话，此时地主的火箭就可以发出了。其实农民在用 A 顶住地主后，可以再试着出一张 K，给地主以要给盟友传牌的假象，麻痹地主。倘若能继续掌握牌权，则再出8910JQKA、666 + 3，留 222 + 4 收尾，即可获胜；即便地主出 A 压制，农民也可以根据盟友是否出 2 来判断大牌的分布情况。若盟友不出，自己也能用 2 收回牌权，重新部署。

3. 见血封喉

农民（西）

地主

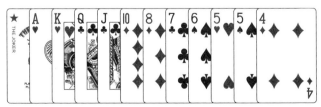

农民（东）

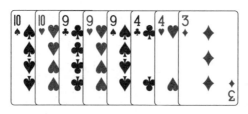

这是一局牌的残局，地主用大王取得牌权后，出顺子45678，农民（西）考虑要减少所剩单牌，保留KK，因此用8910JQ管住。此时地主用10JQKA封死，剩单牌5，按原计划将胜利收入囊中。

其实，若农民（西）仔细算牌的话，当地主打出大王后，所有玩家的牌中只剩自己手中的22最大，只要掌握牌权，即可按照自己的牌路随心所欲地出牌。所以，此时一定要拆牌取得牌权，用手中最大的顺子10JQKA将地主的牌权拦下，方可胜利。而在实际比赛中，农民（西）因小失大，将一手大牌全部留于手中，毫无用武之地。

三、诱顶

诱顶是指选手（主要是地主）在牌力并不是占优势的情况下，尤其是只有一次牌权时，要先把农民的大牌引出来，然后让自己在关键时刻取得牌权，从而获得胜利。

1．抛砖引玉

地主

农民（南）

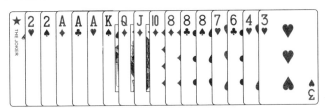

农民（东）

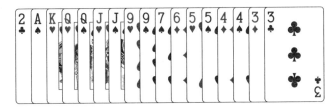

地主的牌相对整齐，以顺子为主，故首发34567，农民（南）用10JQKA封死后，出单牌4，农民（东）用A顶牌，地主并未出2，而是直接越级出小王，农民（南）用大王打住。农民（南）出单牌6，农民（东）用K顶牌，地主不出；农民（南）没舍得拆开22接牌，选择PASS；农民（东）继续出单牌7，地主捎掉K，农民（南）用2管住。由于未见到9和22，

农民（南）继续出单牌7，农民（东）拆开QQ，用Q顶牌。地主手中有三个10，且见到农民曾打出10JQKA，确定了自己的顺子已经不会被管住，故用2收回牌权后，先出56789，再出910JQK，剩1010收尾，获得胜利。

　　分析此局牌，地主的牌力并不占优势。如果在农民（东）顶A后出2，会取得一次牌权，将手中的顺子出尽后，剩小王、K、1010四张牌，再出1010，农民（南）会用AA压制，然后出单牌6。此时地主"报双"剩小王和K，虽然小王能顺利过掉，但农民（南）手中的牌已经能够控制单牌，地主只能告负。而地主先用小王把农民的大王吸引出来，自己手中的牌还较多，且四张2都未出现，两位农民并不知道大牌的具体分布，互相猜疑。最后，地主抓住机会用2取得牌权，脚下抹油顺利冲过终点。这也是一种常见的"诱顶"技巧。

2．欲擒故纵

地主

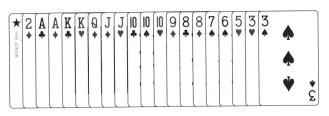

农民（南）

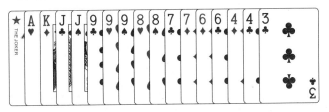

农民（东）

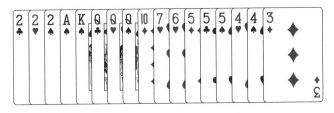

　　地主手中的对牌较多，故首发33。农民（南）捎掉44，农民（东）捎掉55。地主没有选择出JJ，而是直接出AA，农民（东）拆开222，用22管住。农民（东）拥有牌权，且处于地主上家，故出A顶牌。地主故技重施，用小王管住，农民（南）出大王压制后，出单牌3，农民（东）用K顶牌，地主不出。农民（南）出A接牌后，打出连对667788，又出三带一

999＋K，留下JJ，等待盟友送牌。地主用101010＋8管住，农民（东）用QQQ＋4压制。农民（东）此时的34567和10，任意一种牌型都会让地主压制。而地主此时的牌型已成"单双不过"（2和KK都是大牌），最终赢得了胜利。

此局牌，地主两次使用了"诱顶"技巧，先是用AA将农民（东）的22诱下，又出小王将农民（南）的大王诱下，双管齐下，使自己的单牌2和对牌KK成为尾局时的大牌，用最小的代价获得了最大的利益。在行牌过程中，一般情况下，农民见到地主的AA都会用22压制，因为这是将22的作用发挥最大效益的打法。故地主有AA和KK，想要在后期用对牌控制一次牌权，应先出AA将农民的22诱出，给自己的KK创造控牌的机会，从而为最终的胜利铺平道路。

第 三 章

心理战术

第三章　心理战术

棋牌类游戏对弈的过程实际就是选手之间斗智斗勇的过程。在比赛中，不只是牌力（运气）、牌技会影响比赛的结果，选手的心理战术和迷惑手段等也很重要。这些小技巧不只是选手智慧的体现，有时也能左右比赛的走向。

一、心理暗示

牌例 ❶ ——巧破"春天"

地主

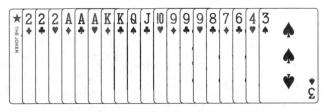

农民（南）

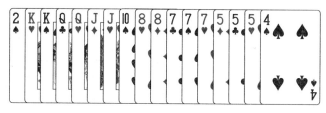

农民（东）

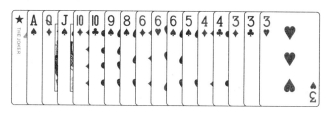

　　地主牌力强劲，先打出678910JQ，没有受到阻拦，于是，地主一路高歌，接着打出 KK、AAA + 3、222 + 99，剩两张牌"报双"。按照正常的"春天"打法，地主下一步应该先出大王，剩单牌4收尾，将两位农民"关门"。但此时农民（东）犹豫了七八秒的时间，才点击"不出"。由于没有见到"断张5"，又看到农民（东）若有所思，地主开始有所顾忌。再三思考后，地主决定求稳，先打出5，再用大王收尾，虽取得了胜利，却未打出"春天"；而农民一方使用了"空城计"，打破了地主的"春天"计划，损失减半，在心理上战胜了地主。

牌例 ② ——引爆炸弹

地主

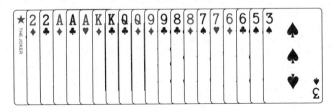

农民（南）

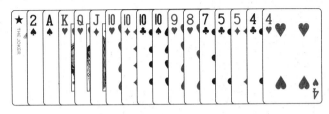

农民（东）

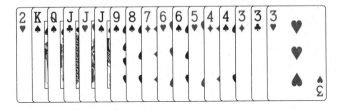

　　地主的牌型比较整齐，先打出连对66778899，农民挡不住，地主接着出QQ、KK、AAA＋3，均未受到压制，此时，地主手中剩四张牌——大王、22和5。地主先出大王，此时农民（南）感觉地主要打"春天"，于是，他扔出炸弹10101010。由于地主大王已出，农民（南）的小王可以控制单牌。因此，农民（南）出单牌7，农民（东）捎掉一个Q，地主拆开

28

22，用 2 压制，农民（南）用小王接回牌权，改出对牌，想让盟友接牌。但此时两位农民均已无法控制地主的 2，因此，最终地主获胜且赢得一个炸弹，收益翻倍。

其实，仔细分析这局牌，当地主剩四张牌时，先出大王诱使农民出炸弹，既解除了危险，又使收益加倍，是明智之举。而农民此时出炸弹则是重大失误，因为地主此时不可能一次把牌出完（若是三带一则刚才就带大王收尾了），所以地主手中必然还有大牌（通常是两张 2），农民此时应该再稍等一步，等地主把大牌全部出尽，再进行拦截。而实战中农民一时冲动，送给了地主大礼包。

牌例③——扑朔迷离

地主

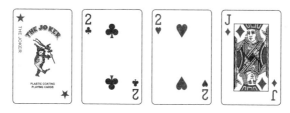

农民（南）

农民（东）

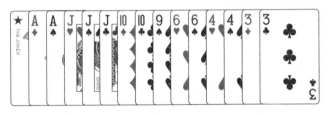

这是一局牌的尾盘，此时农民（东）拥有牌权，打出一张9，地主此时可以过掉单牌J，但由于"8"未见，地主选择拆开对2，先出一张2管住，农民（南）管不住，农民（东）用小王压制，地主出大王后"报双"。这时，农民（南）见到地主大王已出，打出炸弹8888。由于地主出了两张单牌后"报双"，农民（南）判断地主所剩的牌为对牌，故打出单牌4，农民（东）无法顶住地主的2，地主胜利大逃亡。

此局的关键点就在于农民（南）扔出炸弹后的选择，由于之前地主"拆2回王"，给农民（南）造成了地主剩对牌的假象，因此才使得农民赔了夫人又折兵。地主这一招必是高手所使，在心理上迷惑了对方。倘若地主中规中矩地过掉单牌J后再出大王，必被农民炸掉后拆开22，让两位农民的小对牌任意"蹂躏"。而地主这种走法实际上是用大王消灭了农民（东）的小王，让农民一方的有生力量被消耗，且借此扔出了烟幕弹，让两位农民在能控制地主牌力的情况下，却让其溜之大吉，是高手过招中的障眼法。

二、发出信号

牌例④——暗送秋波

地主

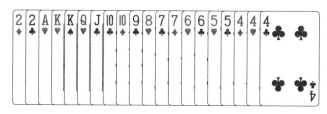

农民（南）

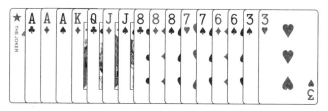

农民（东）

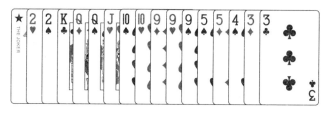

地主手中的牌无论如何组合，都至少有两张单牌，三个4可以带走一张，剩余的单牌必须要过掉才有可能获胜。因此，地主开牌选择了出单牌10，农民（南）出Q，农民（东）用K顶牌。地主用A压制，农民（东）此时手中有小王和22，出掉小王后就可以

控制单牌了（4 可以用 999 带走），因此出小王压制，农民（南）果断选择 PASS，地主也管不住。农民（东）选择出对牌33，地主见血封喉，打出 22，随即出 556677、8910JQK 均畅通无阻，最后 444 + K 完美收官！

其实，农民（东）用小王取得牌权后，并不明确大王在哪里，简单地认为地主选择叫牌，手中有大王的可能性较大。如果此时农民（南）在选择出牌时略停顿三四秒，表示自己有能压制小王的实力，即暗示盟友大王在自己手中，农民（东）可能会改出单牌。一旦地主的 22 被拆开，则农民必胜无疑。因此，农民（南）短暂的停顿是给盟友的一种信号，可能会给盟友指出一条胜利的通道。

当然，地主可以将计就计，在农民（东）出小王时同样"纠结"片刻，好似自己有大王但不知是否应该此刻压制，借此扰乱对方的思维，把水搅浑，让对方失误，给自己创造机会。

牌例 5 ——风声鹤唳

地主

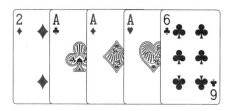

农民（南）

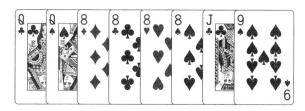

农民（东）

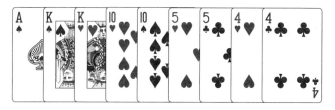

　　这是一局牌的收尾阶段。此时，大王、小王和三个 2 均已出现，农民（东）掌握牌权，打出对牌 1010，地主拆掉 AAA，用 AA 管住。由于还有一个 2 未见，故农民（南）未出 8888。地主稍做思考，先出 2，剩 A 和 6；农民（南）见到最后一张 2 已出现，果断出炸弹拦截。此时，农民（南）认为地主所剩牌必为对牌，故出单牌 9，农民（东）因手中有两个小对

牌且未见 QQ，故也未用 A 封锁，而是拆开 KK，用 K
顶牌，正中地主下怀。地主用 A 接牌，出单牌 6，结
束战斗。

　　地主在此局的尾盘有两处精彩表现。一是拆开
AAA，用 AA 取得牌权，让两位农民误以为地主已无
A；二是剩三张牌的时候虽然 2 和 A 都能占有牌权，
地主选择先出 2，因为此时 8 有组成炸弹的可能，而
若炸弹存在，出单牌农民未见到 2 是不会出炸弹的。
地主出 2 后虽被炸掉，但心里并不担心另一张在农民
手中的 A。因为地主使出的虚招让农民无法判读出其
手中的余牌是两张单牌（还有一张能接回牌权的 A），
即使农民有控制单牌的实力，也很难有勇气出对牌。
果不其然，两位农民互相猜疑，都误以为大牌在对方
手中，结果让地主闲庭信步地走出了包围圈。

牌例 ⑥ ——与狼共舞

地主

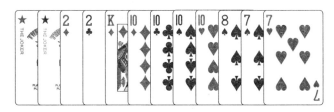

农民（南）

农民（东）

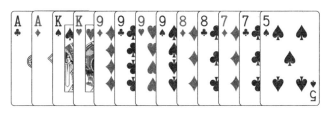

此局牌至此已进入白热化阶段，此时三人共有四个炸弹（地主有两个、两位农民各有一个）。目前，地主拥有牌权，打出 77，农民（南）没有对牌可挡，于是没出牌。农民（东）出 AA 压制，地主用 22 封死。农民（南）因不知火箭是否存在，选择 PASS。农民（东）见地主最大的对牌出现，扔出炸弹 9999。此时，地主虽已根据前面的出牌情况以及"断张 Q"判

断出 QQQQ 的存在，但其仍在 1 秒内果断打出
10101010，以求震慑对方。农民（南）见到地主如此
坚决，且此时地主只剩四张牌，判断地主是有火箭和
对牌，即已"成牌"，故不愿再添加炸弹，选择不出。
地主掌握牌权后，出了一张单牌 8，这时两位农民已
无力回天。比赛结束，所有牌明示后，看到盟友能控
制单牌 K，农民（南）追悔莫及。

此局牌体现了地主强大的心理攻势，虽面临炸弹
的威胁仍能泰然自若，从心理上击溃了对手，使自己
转危为安。试想，如果地主在农民（东）打出 9999
时，若做出让步，或略有犹豫再出 10101010，就可能
被对手看出其并未"成牌"的软肋，继而遭受更大的
打击。而地主并不畏惧，义无反顾地出炸弹压制，造
成对手判断失误，自己夺取了最终的胜利。

当然，此处的战术也可举一反三地运用。我们也
经常见到选手在打出 22 或 10JQKA 的硬牌后"报双"，
诱得对方打出炸弹后，自己再用火箭收官，赢取更大
的收益，这无疑也是一种心理战！

另外，要提示大家的是这种战术在"JJ比赛"的
晋级赛中是无效的，因为晋级赛中无论是地主还是农
民，只要挨一个炸弹就无法晋级，故选手不会考虑出
炸弹后分值的多少，但凡有翻盘的可能，必会出炸弹。
因此，这种"盛气凌人"的技法在晋级赛中很难取得
成效。

第 四 章

百战经典

第四章　百战经典

战役 ❶ ——避其锋芒

地主

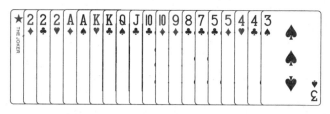

农民（南）

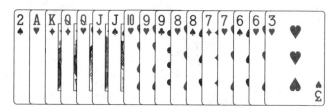

农民（东）

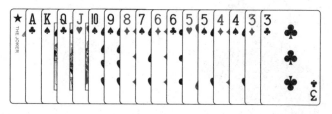

地主牌力强劲，首发单牌3，农民（南）捎掉单

牌 J，农民（东）的牌型很整齐，只要得到一次牌权就可以全部出完，但此时农民（东）并未出小王，而是从"通天顺"中抽出 A 顶牌，地主拆开 222，用 2 压制，农民（东）出小王。由于还有一个 2 未见到，地主没有用大王吃掉农民（东）的小王，农民（东）抓住机会，先出连对 33445566，接着出 78910JQK 溜掉。

　　此局牌农民（东）打得很巧妙，若一开始就用小王顶牌，势必会遭到地主的大王压制，因为这样强行取得牌权的农民是地主重点打击的对象，且地主此时还有被"反春"的可能，故不可能让农民（东）的小王得到牌权。一旦小王被打压，农民（东）再无获得牌权的可能。而农民（东）第一张牌先用 A 诱地主出 2，然后用小王压制 2，变得顺理成章，并未引起地主的警觉。地主因农民（东）是上家且农民一方有一个 2 未出现会构成威胁，故未下"狠手"，农民（东）趁势逆袭反转局面。

战役 2 ——横扫千军

地主

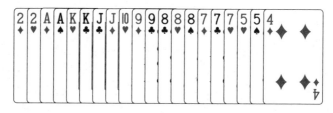

农民（南）

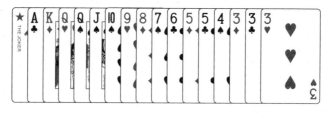

农民（东）

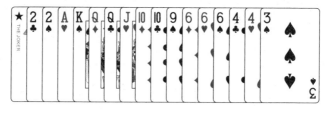

地主虽没有王但牌型整齐，首开飞机 888 + 777 +
4 + 10，农民管不住；地主接下来出 55，农民（南）
选择不出牌，农民（东）为了保留"通天顺"，直接
用 22 封住，地主管不住，只能 PASS。农民（东）尝
试着出 666 + 3，地主不出；农民（东）出 910JQKA，
继续掌握牌权。农民（东）出 Q，由于农民的 22 已
出，地主选择拆开 AA，用 A 顶牌，农民（南）无法

40

捎掉 Q，故选择不出，农民（东）用小王压制，地主管不住，农民（南）也未接牌，农民（东）重新得到牌权。此时，农民（东）剩三张牌——44 和 10，担心 44 太小，未选择出单牌 10，而是打出 44，"报单"剩 10。这正中地主下怀，地主出 99 接牌，农民（南）用 QQ 拦截，但此时农民大势已去，地主走出 KK，JJ，22，最后用单牌 A 收尾，获得胜利。

乍看是农民（东）最后出 44 的失误导致农民失利，因之前地主出 55 时农民（南）就已无对儿可出，故此时以出单牌为宜。其实，仔细分析，农民失利的主要责任人是农民（南）。因在农民（东）出单牌 Q 时，所有的牌点已露，且 333 已成此时的唯一"三带"牌型，无论是谁出大牌，农民（南）都应直接出大王压制，取得牌权后出 45678910JQKA，333＋5，剩单牌 Q 收官即可。即使未记清牌点，也可以通过农民（东）出 666＋3 而地主未压制来判断地主已无三带一的牌型，自己手中的牌已经成势。可惜农民（南）缺少"挡我者死"的豪迈，仍期望捎掉单牌 Q 再发力，结果被盟友的判断失误葬送了胜利果实，实属可惜。

战役③——合久必分

地主

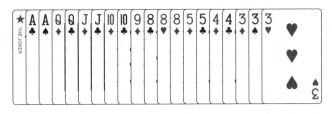

农民（南）

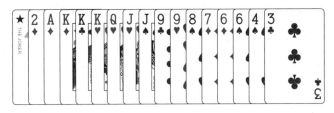

农民（东）

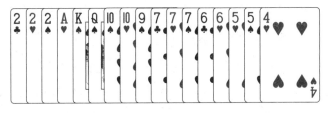

地主首开连对334455，农民管不住；地主继续出连对1010JJQQ，仍掌握牌权；接着出888＋3，农民（南）用KKK＋4管住后，出单牌7，农民（东）用A顶住，地主PASS，农民（南）也未接牌。农民（东）由大到小顶牌，接着出K。此时有人认为，地主需等待时机过掉单牌9，才可获胜。其实不然，因为9属于小牌（10以下），在农民之间的传接配合中很难捎掉，而此时捎 A 相对容易。因此，地主果断拆掉 AA，捎出一个 A，农民（南）用 2 管住，地主选择忍让。农民（南）此时并不确定地主手中的三张牌是否有 22，故选择稳妥出单牌 8，农民（东）舍不得拆掉 222，想留做三带一用，同时又觉得 Q 也不小，于是出 Q 顶牌，地主顺利过掉第二张 A，用大王收回牌权，出 9 获胜。

本局的尾盘（地主剩四张牌——大王，AA，9）是关键节点。若地主想保留 AA 而选择等待过掉 9 是不明智的，因为此时四张 2 一个未见，必然有对 2（甚至是两个对 2）存在，也就是 AA 是很难一次过掉；即使能过掉，那时农民也一定"成牌"了，故只能硬等着过 9，十分被动（过 9 的劣势是牌点小，过 A 的弱点是需要过两次）。地主选择逐步过掉两个 A，一是相对容易，再则带有迷惑性，让对手不好判断其手中的牌型。

有时牌型中的对牌（也可能是三带、飞机或顺子等）不一定要按照固有的形式出牌，可以根据赛场上的情况拆解成更适宜的形式来应对不同的局面。保持牌型的多样性，让对手捉摸不透，对你来说更有利。

战役④——双龙出海

地主

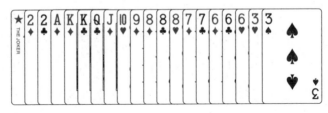

农民（南）

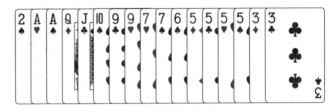

农民（东）

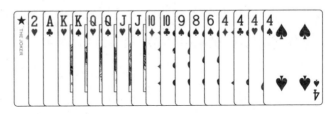

地主开牌选择出 666＋33，两位农民无三带，只好放行；地主继续出 888＋77，未遇阻拦。于是地主接着打出"通天顺"——910JQKA，继续拥有牌权；继而打出 22"报双"，剩下大王和 K。此时，地主处于"6 进 3"的阶段，只要能取胜就可以晋级决赛，故地主计划先出 K，再用大王收尾。农民（南）根据地主所出的牌判断地主所剩的牌并非火箭，因若是火箭，地主在打出 666＋33 后，则不会再出 888＋77，而是应先打 910JQKA 和 22，再出火箭，剩 888＋77 收尾，赢一个"春天"。而地主并未如此出牌，显然所剩牌必不是火箭。此时，农民（南）发现"断点牌"4 未出现，且根据地主打出的牌及自己手中的牌可推测出盟友手中有顺子，单牌不会太多，若再有 4444（可以四带二），则必能控制地主的单牌。因此，农民（南）果断打出 5555，取得牌权后，选择出 33 给盟友传牌，农民（东）未拆牌去接。农民（南）出单牌 6，农民（东）出 2，地主出大王，结果遭到农民（东）4444 轰炸。接着，农民（东）陆续走出 8910JQK，10JQKA 和小王，农民获得了两个炸弹的胜利。

此局牌，农民（南）的推测合理、判断准确，若不及时扔出炸弹，就会让地主出掉单牌 K 后留大王"报单"，而自己无法控制单牌，也无法给盟友传递牌权，只能眼睁睁看地主取胜。农民（南）此役的战法胆大心细，是一个高手的作风。

战役⑤——铜墙铁壁

地主

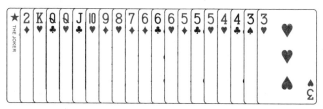

农民（南）

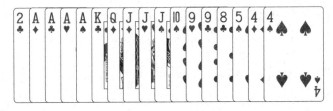

农民（东）

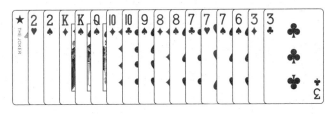

　　地主首发飞机 666 + 555 + 44 + 33，未遇阻拦；接着走出 78910JQK，仍然可掌握牌权，又出了一张单牌 Q，"报双"剩大王和 2。农民（南）果断出 2 顶住，农民（东）选择 PASS，地主出大王，剩单牌 2。农民（南）见到牌型已清晰，毫不犹豫地扔出炸弹 AAAA。此时，农民（南）手中有 5，8，10，Q，K 五张单牌，777 可以带走一张，还有四张需盟友协助才能走掉。农民（南）判断地主手中不可能是小王，充其量是一张 2，故盟友手中至少有一个小王和两个 2，可以挡三次牌。因此，农民（南）未给盟友传牌，而是直接打出一张 8，农民（东）用 2 顶住，传回 33；农民（南）用 44 接回牌权，出单牌 10；农民（东）继续用 2 顶住，传回 88；农民（南）用 99 再次接回牌权，出单牌 Q；农民（东）用小王顶住，传回 1010；农民（南）未接牌，农民（东）改送 777＋6，农民（南）用 JJJ＋5 接回牌权，最后用 K 收尾。

此局牌，两位农民的配合可圈可点，农民（南）的判断更是分毫不差。倘若农民（南）出炸弹后不出单牌，而是给盟友传牌出 44，那么，农民（东）手中有三张比 2 小的单牌，虽有一个 777，仍无法溜掉。而农民（南）出掉 44 后，再想连续三次接回牌权则是不可能的了。那样的话，胜利将重新回到地主手中。而农民（南）算牌精准，不仅没让已到手的胜利从指缝中溜走，还给我们上演了一场精彩绝伦的"三打祝家庄"的牌局，让人拍案叫绝！

战役 6 ——深藏不露

地主

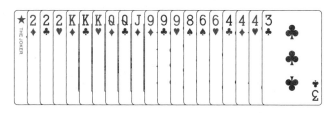

农民（南）

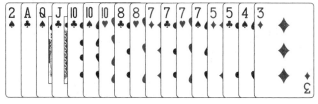

农民（东）

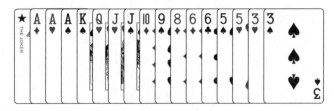

地主手握四个三带，首开选择三带一 444 + 3，农民（南）用 101010 + 3 管住，农民（东）选择 PASS；地主出 KKK + 8，农民（东）顺势用 AAA + J 压制，地主用 222 + J 封死，两位农民都选择 PASS。此时，地主有大王、QQ、999 和 66。999 已是现阶段最大的三带，地主可以先出三带二 999 + 66，再出大王，剩 QQ，但 5 和 7 均未出现，还应有防炸意识。因此，地主选择 66，计划用 QQ 收回牌权。由于 222、AAA、KKK 都已出现，只要剩下的两个 Q 不成对儿，地主即可收回牌权。农民（南）出 88，地主顺利用 QQ 掌握牌权。未见大小王，农民（南）不敢贸然出炸弹，地主出 999 + 大王，溜之大吉。

此局牌，若地主不防范炸弹，轻易地先露出大王，必然被农民炸掉，之后被拆开对 Q，留单牌 Q 于手中，无奈接受失利的结果。而地主从牌局的走势判断，手中的 QQ 已是最大的对牌，只要接回牌权即可将大王藏于三带一中悄无声息地溜走。因此，地主虽然未用大王建功，却绵里藏针地赢得了胜利。

战役 7 ——前紧后松

地主

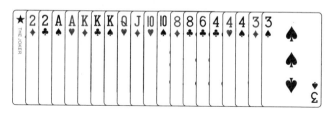

农民（南）

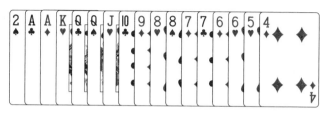

农民（东）

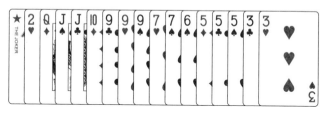

地主首发33，农民（南）用AA封住，地主选择不出。农民（南）手中的牌可组合成两个顺子45678和678910JQK，若都能不受压制，农民（南）可"报双"——2和Q，比较容易通过地主的防守。农民（南）判断"长顺子"678910JQK地主是管不住的，但若先出"长顺子"，后出"短顺子"45678，又担心让地主拦住获得一次牌权；若先出"短顺子"45678，

被地主压住后，自己还能拆开"长顺子"收回牌权。于是，农民（南）选择先出45678，地主见到其用AA强行获得牌权，有要"闪溜"的趋势，立即用10JQKA封死。地主出单牌10，农民（南）捎掉单牌Q，农民（东）不出，地主出A；农民（南）出2，地主用小王压制，农民（东）用大王打住。农民（南）虽剩一个"长顺子"678910JQK，但再无可能取得牌权。农民（东）出单牌6，地主出2管住，两位农民都要不起。地主出88，用KK收回，出单牌2，最后留444+6收尾，获得胜利。

此局牌，若农民（南）用AA取得牌权后，先出"长顺子"678910JQK，再出45678，则地主无法控制其剩下的2和Q（若强行阻拦，则另一位农民会溜掉）。可惜农民（南）患得患失，担心45678会让地主拦截，还想用较大的顺子保驾护航，其实是对自己的角色没有合理定位。因为即使能拆开678910JQK中的一部分"回手"五张顺子，自己的牌型也会全部散乱，无法走完。因此，若决定自己要溜牌，就要尽快让手中的牌剩余较少，以便更好地突围。尤其是在选择出顺子的时候，应先选择对方管不住的"长顺子"或"大顺子"先行。

战役 8 ——莫贪小利

地主

农民（南）

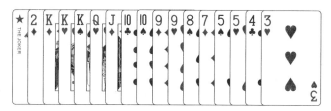

农民（东）

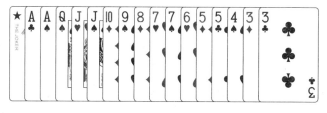

地主手中有 222 和一个其他三带，首发对牌 44，
农民（南）捎掉 55，农民（东）直接用 AA 封住，地
主此时并未"成牌"，因此未用 22 压制，选择不出；
农民（东）出单牌 5，地主顺势捎掉单牌 8，农民
（南）见到农民（东）在地主上家，却打出小单牌，
必是要准备溜牌，故没有选择捎牌，而是让了一手牌，
农民（东）捎掉单牌 J，地主用 2 挡住，农民（南）

继续不出，农民（东）用小王收回牌权，接着打出顺子45678910JQ，地主无可奈何；农民（东）出对牌33，只剩一张7。地主虽然在对牌上已经掌握绝对优势，但666＋3和Q必有一种会被农民（南）管住，然后农民（南）用单牌3送走农民（东），故地主失利。

　　分析此局牌，如果地主在农民（东）出单牌5时直接用2封住，农民（东）就无法过掉单牌J，那么最终就无法剩一张单牌被其盟友送走。地主虽因拆开222而无法带走一张小牌，但由于两位农民各持一个王，故地主可以利用自己的2和A与对手展开持久战。倘若两位农民的牌型不够整齐，地主则有机会"绝地逢生"。而地主为了捎掉一张小牌而却让农民（东）也捎掉了小单牌，属于重大失误。对待地主的上家农民出小牌者，地主要谨慎，他可能是溜牌的主力，应及时顶住他；而其盟友则要全力配合，尽量让其能过掉小牌。本局农民（南）的出牌策略是明智的。

战役 **9** —— 一步之遥 （2017 年 11 月 16 日 10 元区话费赛决赛）

地主

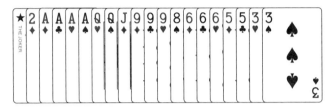

农民（南）

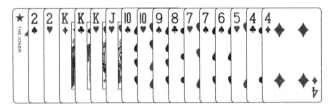

农民（东）

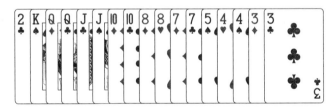

地主的牌相对强势，选择先出单牌 8，农民（南）捎掉单牌 10，农民（东）用 K 顶牌，地主用 2 接牌后，出三带对儿 666 + 33，农民（南）用 KKK + 44 管住，接着出顺子 5678910J，继续掌握牌权，出 22 "报单"剩大王。地主经过分析判断，果断出 AAAA 炸掉，先出 999 + J，再出 QQ，接着出 55，报单剩小王。

农民（东）虽然能管住对牌，但2和5无法阻拦地主，地主获胜。

纵观此局牌，地主的记牌能力和分析判断力是非常强的。当农民（南）打出22剩大王时，地主根据已出的牌和自己手中的牌，计算出999及QQ都已经最大，只是QQ很可能被顶住而无法发出，故地主先出QQ，后出55剩小王。而农民（南）所剩单牌极可能是大王，农民（东）没有三带，无法带走单牌，故农民（东）能打住55，但其有两张以上的单牌，自身无法走掉，也无法隔过地主给农民（南）传牌。因此，地主选择出炸弹后，把所有能"占地"的牌依次出尽，最后剩小王"报单"，农民（南）虽然手握大王，却也只能眼睁睁看着地主溜掉。

本局牌，地主对全盘的把握可谓是游刃有余，对两位农民手中的牌了如指掌，充分体现了一位斗地主高手记牌和算牌的硬功夫，赢得实至名归。

战役⑩——千钧一发（2017 年 7 月 14 日电视赛第 15 局，惜败）

地主

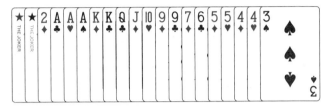

农民（南）

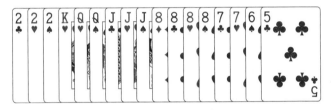

农民（东）

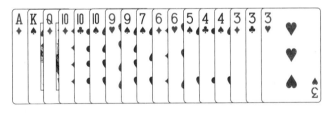

地主的牌相对整齐，首发顺子 34567，两位农民均未出牌，地主心里反而有些不安，感觉有 8888 存在。地主继续出单牌 5，农民（南）过掉单牌 6，农民（东）用 A 顶住，地主未选择压制，农民（南）也暂未接牌；农民（东）继续用 K 顶牌，地主仍选择 PASS，农民（南）见盟友从大到小顶牌，且出 K 地主

不要，于是拆开222，用2接回牌权后，又出单牌K。地主见农民（南）强行要牌权，选择用2拦截，接着出910JQK，未遇阻拦，又打出AAA＋4，此时剩四张牌——双王、K和9。农民（南）已判断地主所剩的牌为双王和两张单牌，而此时农民（南）已经能控制单牌，因此他果断扔出炸弹8888，接着出77、QQ、JJJ＋5，报双剩22，地主无可奈何，只能任其逍遥。

此局牌地主相当谨慎，农民（东）顶牌也极其到位，农民（南）更是审时度势，恰到好处地搂到牌权，又出K给地主制造难题，逼迫地主出掉了仅有的一张2；在地主打出AAA＋5，准备下一步"推单开炸"的关键时候，农民（南）适时扔出炸弹，把地主的火箭拦截在"发射仓"内，可谓胆大心细。

此局牌是典型的"相克"牌型，双方都有获胜的机会，任何一方的小失误都会引发结局的改变，可谓是"一着不慎，满盘皆输"。地主在出34567时未遇压制，则已有了防范炸弹的意识；农民（东）先出A，再出K，两次均顶住了地主要过掉即可获胜的K；农民（南）更是心思缜密，抓住细节扭转乾坤。三人合力为我们呈现了一场令人拍案叫绝的比赛！

战役 ⑪——见龙卸甲

地主

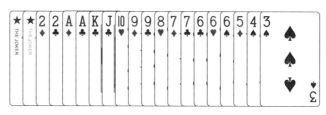

农民（南）

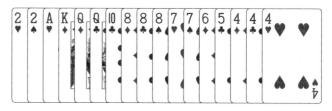

农民（东）

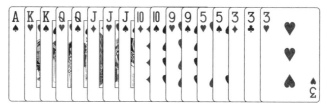

地主从底牌叫到了大王，双王组成火箭，首开单牌7，农民（南）过掉单牌10，农民（东）牌型相对整齐，直接出A，地主拆开对2，用2接牌后，打出长顺345678910J，继续拥有牌权，改出对牌66，农民（南）捎掉77，农民（东）出99，地主打出AA，农民（南）用22拦截。掌握牌权后，农民（南）转换牌路出三带一444＋5，农民（东）见到地主剩五张

牌，猜测其除了火箭以外，应该还有一张2，而自己手中已经全是三带和对牌，可以冒险接牌。于是，农民（东）用JJJ＋5接住，改出三带和对牌，333＋5、1010，地主都未理睬，因为Q未见到。当农民（东）打出QQ后，地主放出火箭，出单牌9，用2"回手"，再出K获得胜利。

其实，在地主剩五张牌的时候，农民（东）已经猜到地主为火箭、2和两张单牌的牌型，而此时三张2都已出，地主已能先出火箭，再出单牌，用2回手，最后剩单牌即可获胜。地主迟迟未出，一定是担心有炸弹存在，而此时只有QQ未见，农民（东）可借此巧使"空城计"，先出KK，留QQ报双，待地主有顾虑时趁机溜掉，而并不一定要从小到大依次出对牌，这样反而会给地主见到"断张"的机会。

战役 ⑫ ——当断则断

地主

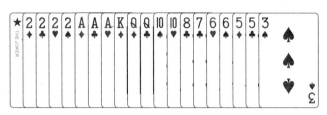

农民（南）

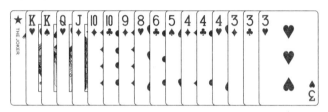

农民（东）

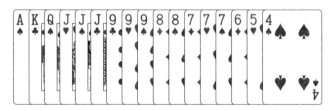

　　地主手中掌握着绝大多数的大牌，只要见到大王就可以全面控制局面。于是，地主先出单牌7，农民（南）过掉单牌10，农民（东）用A顶牌，地主出小王压制。农民（南）的牌型也相对整齐，所以直接出大王取得牌权，打出飞机444＋333＋5＋6，地主未见到"断张J"，故不敢出2222。农民（南）在地主的下家，故打出8910JQ，留KK等盟友送牌，地主出炸

弹 2222。农民（南）的飞机已带出 J，故地主猜测其所剩的牌是对牌，因此出单牌 3，农民（南）未拆对儿，农民（东）出 K，地主出 A；地主继续出单牌 8，农民（南）仍未拆对儿。农民（东）出 Q，地主出 K；地主拆开 55，出单牌 5，农民（南）不出，农民（东）出 J，地主出 Q；地主继续出单牌 5，农民（南）不出，农民（东）出 J，地主出 Q。此时，无论农民（南）是否拆开 KK，都无济于事，地主取胜已成定局。

本局牌，农民是有机会获胜的。在地主拆开 QQ，出第一个 Q 时，农民（南）若拆开 KK，地主手中的 Q 和 5 是无法过掉的。当然，这需要选手有极强的记牌功底和准确的判断力，一般的选手是做不到的。

戦役 ⑬ ——君临天下

地主

农民（南）

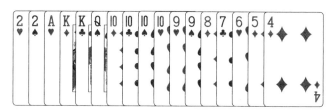

农民（东）

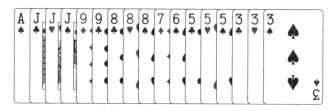

地主的牌很强势，单牌、对牌、三带都可以拥有牌权，还有火箭在手中，可谓是志在必得。地主首发对牌66，农民（南）捎掉99，农民（东）不出，地主出KK压制，农民（南）未见AA，因此选择不出。地主继续出对牌77，农民（南）过掉KK，地主出AA，农民（南）用22收回牌权。接着，农民（南）出顺子345678，地主未见"断张10"，选择PASS；农

民（南）出四带二 10101010 + Q + A，将胜利收入囊中。

　　这局牌地主最大的失误就是让农民（南）过掉 KK 后，又用 22 收回牌权。其实，地主虽有 22，但外面仍有另一组 22 存在，且农民手中可能有炸弹 10101010，一旦让农民取得牌权转变出牌的路线，地主就会陷入被动。在开牌前，地主手中就有 22、AA、KK，已确定 QQQ 就是三带中最大的牌，故地主在农民（南）出 KK 后，应直接用 22 封死，之后出 444 + 3，再用 QQQ + J 收回，则农民虽有炸弹却无计可施，地主即可十拿九稳地取得胜利。但地主大意失荆州，误以为用 22 一定能收回牌权，却被农民中途截击，最终溃败。

战役 14 ——蛇打七寸

地主

农民（南）

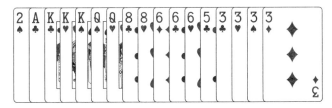

农民（东）

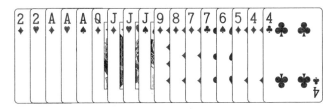

　　地主手握两个炸弹，但小对牌太多且无回手牌，故首发单牌 J，农民（南）出 A，农民（东）见盟友直接出 A，并未出 2，选择 PASS；地主用 2 管住，两位农民都不要。地主此时虽有两个炸弹，但还有三个小对牌，一个三带一和一张单牌，无论哪种牌型都是无法回手，故地主想先占一次牌权，再推一手牌，之后单牌、对牌、三带只要顺出一种，就可打出火箭获

胜。于是，地主选择出四带二——10101010＋55＋44，农民（南）见到地主出了四带二（两个小对儿），判断出地主必然剩下火箭和两种难以捎掉的小牌，故果断打出炸弹3333，然后出对牌88，农民（东）用22接牌，接着出顺子456789、JJJ＋4、AAA＋7，剩单牌Q，地主由于还有小牌没有捎掉，只能无可奈何让农民溜掉。

此局牌农民（南）从地主的出牌方式（四带二）中判断出地主虽有大牌却也有难处，故瞅准时机扔出炸弹，又根据地主带出的两个小对儿分析地主的对牌是软肋，所以出对牌给盟友传牌，让盟友溜之大吉。农民（南）对整局牌牌型的猜测可谓是有理有据，游刃有余！

战役 ⑮ ——亮明身份

地主

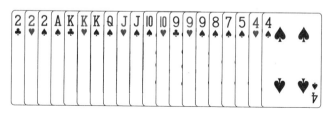

农民（南）

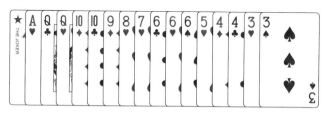

农民（东）

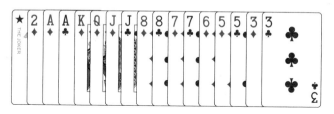

地主的牌中有三个 2，但没有王，是典型的"过单骗对儿"牌型，故地主首开单牌出 5，农民（南）捎掉单牌 10，农民（东）用 K 顶牌，地主出 A；农民（南）选择 PASS，农民（东）出 2 管住，地主不出，农民（南）也不出。农民（东）出单牌 6，地主过掉单牌 J，农民（南）出 A，农民（东）不出，地主拆开 222，用 2 管住。农民（南）未见小王，选择不出，

农民（东）用小王管住，掌握牌权，但其不知大王在何处，而自己的牌型也以对牌为主，故出33，地主顺势过掉99，农民（南）出QQ，农民（东）不出，地主用22收回牌权，接着出顺子78910JQ，未遇阻拦，又出KKK+44，报单剩10，两位农民目瞪口呆。

从表面上看，农民一方是由于农民（东）误出33导致了失利，其实仔细分析此局牌，责任并非在农民（东），因其虽用小王取得了牌权，但对大王的分布并不明确，故选择出对牌也无可厚非。在中局时，农民（东）出2而地主选择不出，农民（南）应该可以判断小王在农民（东）手中。因此，当地主出2时，农民（南）应主动出大王，既消灭了地主的一张大牌，又传递给盟友大牌的分布情况。掌握牌权后，农民（南）可继续出单牌，只要将地主的22拆开，就可以用自己的对牌配合盟友的AA赢得此局。但可惜农民（南）打牌中规中矩，不敢越级压牌，未及时给盟友发出明确的信息，导致农民（东）中了地主设计的圈套。

战役 **16** ——百忍成金

地主

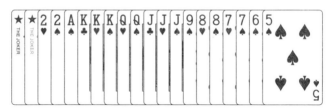

农民（南）

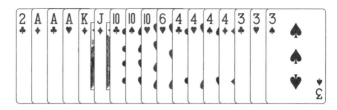

农民（东）

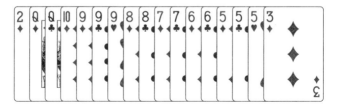

地主手中大牌不少，较占优势，但两位农民的牌相对整齐，农民（南）还藏有炸弹，究竟鹿死谁手？我们拭目以待。

地主首发出单牌 8，农民（南）担心三个 2 存在，故未直接出 2，而是出了一张 K，反而是盟友农民（东）直接出 2，地主选择不出。农民（东）出连对 667788，地主不出；农民（东）出三带一 555 + 3，地

主用 JJJ + 7 管住。按常理，农民（南）应该用 AAA +
6 压制，但农民（南）想要自己走完，考虑 101010 不
一定能获得牌权，于是选择不出。地主见两位农民未
管 JJJ，则继续出 KKK + A，计划取得牌权后出 QQ 后
用 22 接牌，再出火箭获得胜利。此时，农民（南）见
时机已到，果断用 AAA + 6 管住。取得牌权后，农民
（南）继续出三带一 333 + J、101010 + 2，最后剩
4444，打出炸弹后取得胜利。

回顾这局牌，农民（南）在出牌过程中思维缜密，
考虑到多种可能，最终按自己的设计获胜，表现极其
精彩！倘若当地主首发单牌时，农民（南）就用 2 管
住，如果地主用小王压制或地主手中有 222，农民
（南）就很难再次取得牌权；又如当地主打出 JJJ + 7
时，农民（南）若用 AAA + 6 管住，虽取得了牌权，
但自己仍要出三带一，如果地主手中还有较大的三带，
则农民（南）仍会陷入被动。此局牌的走向最终朝着
农民（南）判断的方向靠拢，农民（南）如愿以偿地
获得胜利。

战役 17 —— 另辟蹊径

地主

农民（南）

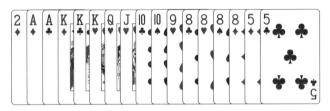

农民（东）

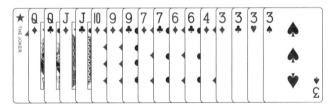

　　地主的牌很强势，但两位农民手中各有一个炸弹，地主如果要把大牌打尽，追求春天的话，则可能会遭遇狂轰滥炸。在实战中，地主依次出连对556677，910JQKA，均未遭遇拦截。地主为了保险起见，先出444＋A，剩222和小王准备收底。农民（南）未见到王，所以未敢轻举妄动，用KKK＋9管住。农民（东）判断地主手中为222带一张单牌，且自己手中有大王，

可以控制单牌，故直接出炸弹3333，取得牌权后出单牌4，地主出小王。农民（东）本想借助盟友手中的小王拆开地主的222，却没想到地主手中的单牌是小王，只能用大王压制后出单牌10，地主用2管住，剩22，单双不过。农民（南）虽有炸弹8888，其他牌却无法控制22，只能让地主顺利闯关。

此局牌农民一方失误的主要责任在农民（东）。在地主出444＋A后，农民（东）已经判断出地主所剩的牌为222＋单牌，出炸弹3333没问题。但当地主露出小王时，农民（东）用大王压住地主的小王后，自己的牌已经能控制单牌，而此时8并未出现，可判断盟友手中有炸弹8888，故此时应出对牌，让地主打出对牌22，剩单牌2，借盟友的8888取得牌权后送对牌，一气呵成将地主打败。可惜，农民（东）未计算出盟友手中还有炸弹，让地主逃之夭夭了。

战役 18——引蛇出洞

地主

农民（南）

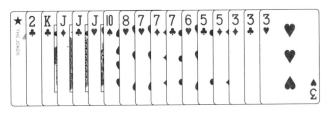

农民（东）

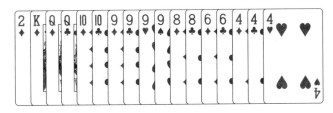

地主的牌型很整齐，且有大王、22 和炸弹 AAAA，故首发 345678，两位农民均不出。地主出单牌 10，农民（南）过掉 K，农民（东）手中以对牌为主，且有炸弹 9999 和 444，故直接用 2 顶住。地主当机立断用大王拦截，两位农民均不出。地主打出 QQ，两位农民不出，地主此时未见到 9，倘若连续打出 KK、22 后，被农民炸掉改出对牌或其他牌型，地主则陷入被动。

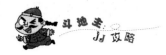

而此时已见到一个 2，四个 A 又在自己手中，KK 是最大的对牌。因此，地主未出 KK 而直接出 22。农民（东）见地主的 22 已出，而自己手中全是对牌和三带一，故选择出 9999 炸掉后出 66。此举正中地主下怀，地主用 KK 打住后，出单牌 5，之后扔出炸弹 AAAA，用单牌 J 收尾，成功拿下此局。

纵观此局牌的牌力，地主的牌很强势，即使不去诱骗农民出炸弹也可赢得胜利。但地主根据自己的比赛经验，成功地判断出炸弹 9999 的存在（345678 未遇阻拦且上家农民直接出 2 顶牌），并施计将其成功骗出，为我们奉献了一场令人拍案叫绝的比赛！

战役⑲——先礼后兵（2018 年 1 月 3 日 300 元话费赛决赛第一局）

地主

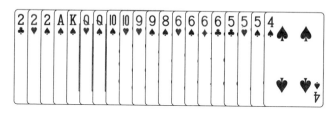

农民（南）

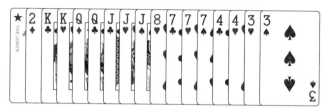

农民（东）

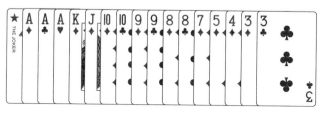

地主手中有三个 2 和一个炸弹 6666，且对牌、单牌都较大，故首开单牌 8，农民（南）的 8 被顶住，无法过掉，故直接出 2。地主不要，农民出 44，农民（东）不舍得拆开连对顶牌，选择 PASS，地主趁势过掉 99。农民（南）出 QQ 收回牌权，继续出 KK 仍未受阻，于是农民（南）试着打出三带一 777＋8，地主

不出；农民（南）继而打出三带对儿 JJJ＋33，报单剩小王。地主此时并未用 222＋1010 压制，而是直接出 6666 炸掉，之后打出三带一 555＋4，农民（东）用 AAA＋4 管住，地主用 222＋K 收回牌权。接下来，依次出 1010、QQ 均未遭拦截，最后出单牌 A 获胜。

此局牌乍看好像地主赢得很轻松，其实地主心思缜密、精打细算的高超牌技隐含其中。当农民（南）出 JJJ＋33，地主并未用 222＋1010 去压牌，而是直接扔出炸弹。而此时地主的 1010、QQ 两个对牌是无法通过农民（东）手中的 AA 的。即使自己可以用 22 收回牌权，但一旦 222 拆开，过多的单牌是无法走掉的。令人钦佩的是地主通过对之前叫牌分值的分析判断出两位农民手中各有一个王（火箭不成立），而此时农民（南）报单，手中必是王。那么，农民（东）手中必有三个 A，故地主打出 555＋4，按正常选手的思维必然会用三个 A 压制，地主再用 222 管住后，自己的 QQ 已经是此时残局中最大的对牌（KK、QQ 已出且自己手中有 K）。地主按计划出牌，农民（东）果然中计，地主如愿以偿获得胜利。

其实，农民（东）若不用 AAA 去吃掉地主的 555，稍忍耐一下地主则无计可施。但正常人的思维都会在牌局临近尾声时不遗余力地压住地主的牌，故农民（东）的选择无可厚非，不应责备。而地主的分析和判断以及设计牌路使对手中计的一系列表现真让人耳目一新。此局牌是在三人均未失误的前提下为大家奉上的一场精彩对局。之后，地主保住了前期的胜利果实，顺利赢得了 300 元话费。

战役 20 ——杯弓蛇影（2018 年 1 月 25 日 60 元话费赛 6 进 3）

地主

农民（南）

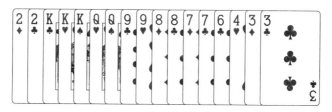

农民（东）

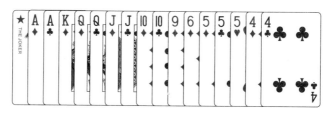

地主有小王、22、AA，故先尝试打出顺子 45678，农民（南）要不起，农民（东）虽可以管住，但会把

牌拆散，故也未选择压牌。于是，地主又趁势打出
678910，仍未遇到阻拦。地主计划连续出对牌，先出
33，用 AA 回手；再出 JJ，用 22 回手，最后出 10，剩
小王。于是，地主按计划出 33，农民（南）出 QQ 压
制，农民（东）选择不出，地主用 AA 管住，农民
（南）用 22 压制。取得牌权后，农民（南）依次出
778899、KKK＋4，均未受阻，最后出 33，报单剩 6。
农民（东）见到盟友已经剩一张，且判断 22 在地主
手中，故未选择顶牌。地主用 JJ 管住，农民（东）用
AA 压制。此时，地主见农民（南）只剩一张牌，担
心自己的 10 无法通过，故没有出 22 管住农民（东）
的 AA，想要等农民（东）给农民（南）送单牌时，
用小王顶牌，不论农民（东）是否出大王，自己均可
封住农民（南）的尾牌。农民（东）并未送单牌，而
是出了 44，地主仍未出 22 接牌。农民（东）此时才
出单牌 9，地主出小王拦截，农民（东）用大王收回
牌权，依次出连对 1010JJQQ、三带一、555＋6，最后
剩单牌 K 收尾，地主功亏一篑。

　　此局牌的前半段，地主的思路及战术都正确。但
在农民（东）用 AA 取得牌权后，并未给其盟友送单
牌，而是出 44，可以判断农民（东）此时的意图并非
是送走盟友，而是要伺机自己溜掉。加之从前半段的
出牌情况来看，农民（南）并未捎走过单牌，仅有自

己的 KKK + 4 带走一张 4。那么，此时其所剩单牌比 10 小的概率很大。若地主此时当机立断，用 22 收回牌权，出 10 剩小王，农民（东）少过掉一张单牌，无法阻拦地主溜掉。可惜，地主的注意力全被"报单"的农民（南）吸引，对农民（东）溜牌的意图并未察觉，结果错失良机，止步于决赛。

取与舍是人生的大智慧，有的时候底牌可以让你的牌锦上添花，有的时候底牌却是会让你左右为难，成为累赘，满盘皆输。

第 五 章

答牌友问

第五章 答牌友问

Q1：出牌过程中，如果盟友接住了牌权，应该怎么办？

A1：此种局面共有三种情况。一是自己无法溜掉，主动给盟友传牌，盟友接牌自己就有赢牌的希望；二是自己已经"成牌"，即使盟友接牌，自己也要强势地"接回来"。以上两种情况均不需细讲。大多数牌友感到困惑的是第三种情况，即介于以上两种情况之间的不确定因素。

地主

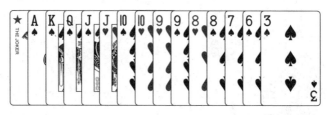

农民（南）

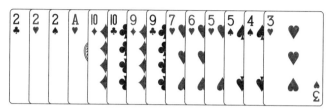

农民（东）

农民（东）此时掌握牌权，出66，地主不出。农民（南）见地主不接对牌，想用99接住牌权后，先出A，若地主不出，则可继续出1010、222＋5，最后出345678收尾。于是，农民（南）按其思路设计出99，农民（东）此刻有些纠结，因为想到接牌必须拆开连对JJQQKK，犹豫再三后选择PASS。地主以静制动，待农民（南）出单牌A后，用大王封死，依次出顺子678910J、8910JQKA，最后剩3，把胜利收入囊中。

此局牌，农民（东）本有获胜的机会，但其舍不得拆开连对，且认为盟友接过牌权有可能会一招制胜，结果错过仅有的机会，痛失胜利。当农民（东）出66时，地主的态度是不出。那么，此刻农民（东）已经找到了地主的软肋，只要他如法炮制，即使被盟友接

过牌权，也能再用JJ接回来。因为地主对66已经放过，农民（南）后面的88、QQ、KK也会顺利闯关，最后剩7获胜。

有的牌友认为此时2的分布并不明确，如果地主有22，在农民（东）最后出KK报单时用22打住，则农民一方会被动。其实，如果地主有22，在面对66时选择不出，证明地主并未"成牌"，即使用22打住KK，牌力仍不足，且农民（东）位于盟友的下家，把地主的计划打乱后，也可借助盟友的牌力溜走。

因此，在类似情况下，既然找出了地主的"马脚"，就应该"宜将剩勇追穷寇"，不给地主喘息的机会，贯彻既定的策略，直至打乱地主的牌型。

问答 2

Q2：处于地主下家的农民手持22或222，是否要压制地主的A？

A2：一副牌从2往上算起有六张大牌（两个王、四个2）。地主敢叫牌，一般情况下至少有两到三张大牌（一个王和两个2的情况居多），下家农民再拿两个2，那么盟友没有2的可能性很大。倘若下家农民不拆开22管住地主的A，很有可能让地主的A占一次牌权，或者让盟友损失一个王去压牌，因小失大。因此，在地主出A时，下家农民应拆开22或222压制。当然，如果是下家农民用22取得牌权后能一气呵成

（比如有连对、飞机、通天顺之类的组合），那么可以适当让一下，等待机会"闪溜"。

问答 3

Q3：地主首发长顺子，农民可以管住，但会拆散自己的牌，是否要压制？

A3：一般来说，小不忍则乱大谋，打牌也一样，有时不能计较一城一地的得失。但有两种情况农民是要不惜任何代价"倾巢而出"的。一种是自己手中没有能掌握牌权的大牌，如下面的牌：

案例 2

农民

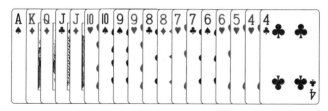

农民的牌型很整齐，可以打成两个长顺子，但最大的牌只有 A，在正常情况下是无法取得牌权的，故遇到地主出长顺子是要不余遗力地去拦截！

另一种是要观察地主的底牌，如下面的牌：

案例 **③**

底牌

地主

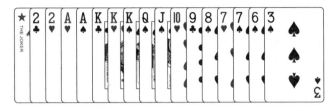

农民（南）

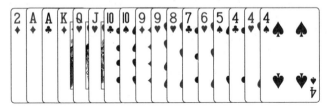

农民（东）

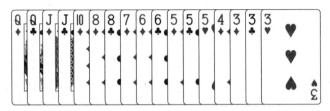

　　地主直接叫 3 分抢到了底牌，底牌也十分给力，补到小王和 2。地主首发 678910JQ，农民（南）本可

以管住，但会把自己的顺子拆得支离破碎。考虑再三，农民（南）选择了 PASS。地主一路高歌，继而出 KKK＋3、AA、222＋7、火箭、9，最终打出"带炸弹的春天"，把两位农民淘汰出局。

农民（南）的牌型虽然整齐，但观察到地主的底牌，应该果断压制地主的顺子。因为地主既然叫牌，必然牌力强劲，加上底牌更是如虎添翼。在这种情况下，如果地主的第一手牌能闯关，农民很可能有被"关门"的风险，故应全力以赴压制，减少损失，少输为赢。

问答 4

Q4：农民的大王是否要压制地主的小王？

A4：这是一个经典的问题。有人说，用大王管住小王是物尽其用，好钢用在刀刃上；也有人说，农民的大王一般不压地主的小王，因为如果出掉大王，虽暂时取得牌权，但失去了后期对单牌的掌控。我更倾向于第二种看法，因为地主既然选择了"一打二"，必然不止小王一张大牌。通常情况下是除了小王以外，还有两个2（甚至三个2）。因此，若是地主先出小王，可以放一下，等地主拆开22时，拦截第一张2，之后迅速改变"牌路"，让地主的三张大牌（一个小王两个2）至多只能控制一次牌权，效果会更好。另外，农民的大王没出，对地主的单牌始终是个威胁，有不

战而屈人之兵的效果。

Q5：在缴费赛区中，若有大王、22、AA，是否叫牌？

A5：若是在比赛的前期阶段建议只叫2分。因为如果叫了3分，即使你有很强的牌力，若农民有炸弹，你会被直接淘汰出局。前期阶段为晋级阶段，只要获胜就能晋级，故赢牌比多赢分更重要。诸如此类的问题还有"盟友位于地主下家已报单，是否出炸弹""手握炸弹7777，但7在顺子中起连接作用，是否用于炸弹"等等。我的原则是只求晋级而不宜冒险，因为晋级后才会有各种获胜的可能，而冒险只能得到一时的刺激，往往会因小失大。

图书在版编目（CIP）数据

斗地主：JJ攻略/梁瑞珍主编. —太原：山西科
技术出版社，2018.7（2019.7重印）

ISBN 978 – 7 – 5377 – 5761 – 4

Ⅰ．①斗… Ⅱ．①梁… Ⅲ．①扑克 – 基本知识Ⅳ.
G892.1

中国版本图书馆 CIP 数据核字（2018）第 081962 号

斗地主：JJ 攻略

出　版　人：赵建伟

主　　　编：梁瑞珍

责 任 编 辑：张春泽

封 面 设 计：杨宇光

出 版 发 行：山西出版传媒集团·山西科学技术出版社

地　　　址：太原市建设南路 21 号　邮编：030012

编辑部电话：0351 – 4922134　0351 – 4922125

发 行 电 话：0351 – 4922121

经　　　销：各地新华书店

印　　　刷：山西聚德汇印务有限公司

网　　　址：www. sxkxjscbs. com

微　　　信：sxkjcbs

开　　　本：890mm × 1240mm　1/32　印张：3

字　　　数：220 千字

版　　　次：2018 年 7 月第 1 版　2019 年 7 月太原第 2 次印刷

书　　　号：ISBN 978 – 7 – 5377 – 5761 – 4

定　　　价：20.00 元

本社常年法律顾问：王葆珂

如发现印、装质量问题，影响阅读，请与印刷厂联系调换。